Nine Zuch

Vom Apfelbaum und Mausegrau

D1666079

Nine Zuch

Vom
Apfelbaum
und
Mausegrau

Kindergedichte

LEIBNIZ-Bücherwarte

Die Deutsche Bibliothek - CIP-Einheitsaufnahme
Zuch, Nine:
Vom Apfelbaum und Mausegrau · Kindergedichte
Mit 108 Zeichnungen von Nine Zuch
© Leibniz-Bücherwarte, Bad Münder, 1999
Druck:
Druckhaus Kronsberg Büscher GmbH & Co. KG

ISBN 3-925237-22-4

Gedichte, in Reime gefasst,
erreichen durch den Gleichklang der Worte
spontan die Mitte des Herzens,
schenken das Gefühl einer inneren Harmonie
und geheimen Geborgenheit.
Darum lieben Kinder Gedichte.
Ihnen allen ist
VOM APFELBAUM UND MAUSEGRAU
gewidmet

Inhaltsverzeichnis

DER APFEL

Den Apfel, den Apfel,
den kennt ein jedes Kind,
weil Apfelbäume überall
bei uns zu finden sind.

Er steht bei uns im Garten,
er steht an Nachbars Zaun,
er steht auf allen Wiesen
und an des Ackers Saum.

Es schimmern seine Blüten
so rosazart und fein,
ich glaube wirklich, eine Braut
kann kaum noch schöner sein.

Dann kommen kleine Früchte,
der Sommer ist nun da,
die Sonne lässt sie reifen
bis dass der Herbst ist nah.

Und plötzlich siehst du leuchten
die Äpfel, rund und rot.
Wie gut schmeckt doch im Winter
der Apfel uns zum Brot!

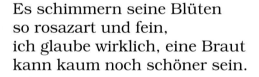

JUNG-KÄFER

Jung-Käfer wollt spazierengehn,
trarah, trarie,
die wunderweite Welt besehn,
das hatte er noch nie.

Er zog sich 50 Schuhe an
an seine 50 Beinchen,
da ging ein ganzer Tag vorbei,
es lachte leis das Heimchen.

Das kümmerte Jung-Käfer nicht,
trarie, trarah,
er zog den Hut fest ins Gesicht,
dafür sind Hüte da.

Los ging es über Stock und Stein,
Jung-Käfer summte Lieder,
da tat ihm weh das fünfte Bein,
dann schmerzten alle Glieder.

O Käferlein, o Käferlein,
trarah, trarie,
ich glaub, die wunderweite Welt
hat Gott so groß für dich bestellt,
hatschie, hatschie!

DER SCHNECKENMANN

Ich kannte einen Schneckenmann
mit einem Schneckenhaus,
der wollt nicht mehr alleine sein,
allein war's ihm ein Graus.

Er sehnte sich nach einer Frau
und einer Kinderschar,
drum machte er sich auf den Weg
am 10. Februar.

Es kam der März, dann der April,
die ersten grünen Spitzen -
da sah er in dem Erdbeerbeet
ein schönes Fräulein sitzen.

Sie hatte zwar kein eignes Haus,
das musste auch nicht sein,
das seine war ja groß genug,
sie passten beide rein.

Er streckte seine Hörner weit,
er sang verliebte Lieder,
das Fräulein wurde seine Frau,
der Mond schien freundlich nieder.

Nun brauchte er ein Standquartier,
das fand er auf der Wiese,
sein Weibchen legte Eierlein,
als erstes kam Klein-Liese.

Und viele Kinder folgten noch,
mal mit, mal ohne Haus.
Wieviel's jetzt sind, das weiß ich nicht,
denn mein Gedicht ist aus!

DER WIND

Huiih, ist das heut ein Wind,
weg bläst er mein Kind!
Das will ich nicht lassen,
will beim Händchen es fassen!
So ist es schön.
Da, sieh nur die Wehn!
Es wirbeln die Blätter,
es biegt sich der Baum,
hoch türmen sich Wellen
mit Kronen von Schaum,
der Hut fliegt vom Kopf,
es wehet der Schopf,
wie alle sich eilen,
keiner will weilen,
nach Hause, nach Haus
in diesem Gebraus,
in die schönen, warmen Stuben.
Kommt, ihr Mädchen und ihr Buben,
schaut mit der Mutter zum Fenster hinaus
und lachet den zornigen Brausewind aus!

ERDBEEREN

Maienluft und Erdbeerzeit
sind für alle eine Freud!
Wir können's kaum erwarten,
laufen in den Garten,
warten auf den ersten roten Schimmer -
sie sind reif! Ich glaube nimmer,
dass da irgendwo ein Kind ist,
das nicht vor Freude lacht,
und was man mit Erdbeeren
nicht auch alles macht:
die ersten kommen in den Mund,
denn sie sind köstlich und gesund,
dann gibt es Erdbeertorte, Erdbeereis,
Erdbeern eingezuckert und mit Sahne weiß,
Erdbeermilch und Erdbeermarmelade.
Ach, ich find es wirklich schade,
dass die schöne Erdbeerzeit so schnell vergeht.
Leergepflückt ist unser Erdbeerbeet!

DAS STACHELSCHWEIN

Husch, husch, husch,
hinter unserm Hollerbusch
sitzt ein kleiner Hase,
macht eine lange Nase.

Unter der Brombeerhecke
sucht weinend eine Schnecke
nach ihrem Schneckenhäuschen.
Darin wohnt jetzt ein Läuschen.

Und oben auf dem Kieselstein
schläft ein müdes Stachelschwein.
Es plumpst vom Stein herunter,
da ist es wieder munter.

REGEN

Tropf, tropf, tropf,
es regnet auf den Kopf,
es regnet immer weiter,
nass sind schon die Kleider,
pitsche, patsche puh,
Strümpf und Schuh dazu.

Wer möchte da gern draußen stehn,
im Regen gern spazierengehn?
Die Mutter Ente mit ihren Kücken!
Seht, wie sie mit den Köpfchen nicken
und trinken das frische, köstliche Nass,
sauber gewaschen sind Blumen und Gras,
sind Bäume und Hecken,
doch wo sind die Schnecken?

Sie sind, wie die Kinder, in ihrem Haus,
nur manches Mal strecken die Hörner sie aus,
denn heute sollte doch Sommerfest sein,
Schneckelinchen lud ringsum die Freundinnen ein.
Ja, aber im Regen, wer mag da schon kommen,
wer möchte nicht lieber im Sonnenschein sonnen?

Ach, Schneckelinchen, hör auf mit Weinen,
die Sonne wird ja bald wieder scheinen!

MEIN PUPPENKIND

O schaut, was ich in der Wiege find:
Anna-Christina, mein Puppenkind!
Schwarze Härlein hat es wie der Papa
und auch die Äuglein. Von der Mama
ist das Kinn und das kleine Mündchen
bei meinem herzigen Puppenkindchen.
Die Ärmchen streckt es nach mir aus:
„O Puppenmutter, nimm mich heraus
und wiege mich in deinem Arm,
da ist es weich und ist es warm."
„Gleich, Anna-Christina, mein Püppchen,
ich koche nur schnell noch dein Süppchen,
du sollst mir doch nicht hungrig sein!"
Da schließt es die Äuglein und schlummert ein.
Die Puppenmutter deckt's sorgsam zu:
„Schlafe, mein Kindchen, schlafe in Ruh,
schlafe bis der Morgen graut
und Frau Sonne ins Fenster schaut!
Schum - schei, eia - popei!"

DAS KRANKE PÜPPCHEN

Was soll ich nur tun, mein Püppchen hat Fieber,
rot glühen die Bäckchen, die Äuglein schlägt's nieder,
sein Breichen hat es nicht gegessen,
hat still nur auf seinem Stühlchen gesessen,
o Michel, du musst der Doktor sein!
Der Michel klopft, ich rufe: herein!
Er sieht mein Püppchen, das rührt sich nicht,
da macht der Michel ein ernstes Gesicht:
„Der Puls geht so schnell, so heiß ist das Köpfchen,
hier, liebe Frau, gebt ihm zehn Tröpfchen
morgens und abends in Fliedertee!"
Dann nickt er freundlich und sagt: „Ade,
ich komme morgen noch einmal vorbei
und verschreibe neue Arzenei.
Es wird sich schon bessern, seid nicht verzagt,
macht alles fein sorgsam, so wie ich's gesagt!"
Und wirklich, nach drei Tagen war 's Püppchen gesund,
da küsste ich's freudig auf seinen Mund!

WASCHTAG

Die Puppenmutter hat heut viel zu tun,
hat keine Zeit, sich auszuruhn!
Die Kinder gaben beim Spielen nicht acht,
haben die Kleidchen schmutzig gemacht,
kein Strumpf ist mehr sauber,
in den Hosen sind Flecken,
und womit soll sie die Kinder bedecken,
Laken und Kissen sind nicht mehr rein.
Die Puppenmutter muss heute fleißig sein!

Ja, am Waschtag gibt es viel zu tun,
da kann eine Puppenmutter nicht ruhn!
Eilig läuft sie hin und her,
holt Wasser zum Waschen, die Schüssel ist schwer,
bringt all die schmutzige Wäsche herbei,
macht sich die kleinen Arme frei,
taucht die Kleidchen in den Seifenschaum
und wäscht und reibt die Flecken vom Saum,
dann kommen die Hosen, die Strümpfe dazu.
Die Puppenmutter hat heute keine Ruh!

Nun werden die Sachen fein sauber gespült
bis das Wasser klar ist. Die Puppenmutter fühlt
sich müde. Doch erst muss die Wäsche fertig sein!
Sie wringt das Wasser heraus, holt ein Höckerlein,
denn nun hängt sie all die Wäsche auf,
da muss sie sich recken, langt kaum hinauf,
oft muss sie sich bücken, um all die Sachen
auf die Leine zu hängen und festzumachen.

Doch endlich ist die Waschschüssel leer.
„O Puppenvater, sieh doch nur her,
da hängen die Kleidchen, die Strümpfe in Reihn,
alles ist wieder sauber und fein!"
Da darf auch die Puppenmutter sich ruhn.
Heute war Waschtag, da gab es viel zu tun!

EIN BRÜDERLEIN

Baum, Baum, halt deine Zweige an,
als ich heute morgen in Mutters Stube kam,
lag in ihren Armen ein Brüderlein!
Baum, Baum, ist das nicht fein?

Wolken, ihr Wolken am Himmel, bleibt stehn!
Hört nur, ganz, ganz leise muss ich jetzt gehn,
denn drinnen im Haus schläft ein Brüderlein.
Wolken, ich bin nicht mehr allein!

Amsel, o Amsel im Ried,
singe dein schönstes Lied,
in seinem Bettchen träumt mein Brüderlein!
Amsel, wie ist es so klein, so klein!

EIN GROSSES KIND

Trapp, trapp, trapp
geht mein Kind die Trepp herab.
Ist schon groß, nicht mehr klein,
wird bald so groß wie Vater sein!

PUNKEPIE

Der kleine Reiter Punkepie,
der reitet stolz auf Mutters Knie,
er reitet durch den Wüstensand,
da kriegt er einen Sonnenbrand,
er reitet durch den Schnee,
da tut es nicht mehr weh!

PUNKEPIE

Punkepie, der Reiter,
reitet auf der Leiter,
er reitet auf dem Steckenpferd
über Bank und Küchenherd,
übern Tisch und übern Schrank,
er reitet an der Wand entlang,
durch das Fenster auf das Dach,
plumps, da fällt er in den Bach!

PUNKEPIE

Punkepie, der Reitersmann,
reitet heut so schnell er kann,
er reitet bis nach Timpeltau
zu der dicken Bauersfrau
mit der buntgescheckten Kuh,
doch die Tür, die war schon zu.
Punkepie schrie laut: „Oho!" -
da warf sein Pferdchen ihn ins Stroh!

PUNKEPIE

Punkepie trabt durch den Wald,
huh, wie da die Eule schallt:
„Schlafenszeit, Schlafenszeit,
Mitternacht ist nicht mehr weit.
Uhu,uhu,
alle Kinder gehn zur Ruh!"

Punkepie, Punkepie,
hörst du, was die Eule schrie?
Sieh doch nur dein Pferdchen an,
wie es kaum noch laufen kann,
da - jetzt bleibt es stehn!
Punkepie, ins Bettchen gehn!
Husch, husch!

HINGEFALLEN

Mein Kindelchen ist hingefalln,
nun fängt es an zu schrein,
zerrissen ist das Hoselchen,
ein Löchlein hats im Bein.

„O Kindelchen, nun wein nicht mehr,
so schlimm kann es nicht sein,
die Mutter flickt das Hoselchen,
das Löchlein heilt allein.

Und holen wir ein Pflästerchen
und kleben es aufs Knie,
dann siehst du wirklich super aus,
grad wie ein Held! - Da, sieh!"

BIMMELBAHN

Wir sitzen in der Eisenbahn,
Bahn, die fängt zu reisen an,
hält an jeder Bahnstation,
Bahnstation, die wartet schon.

Leute steigen aus und ein,
reisen, das ist immer fein,
selbst mit einer Bimmelbahn,
Bimmelbahn kommt auch mal an.

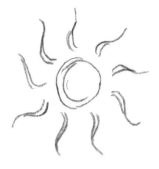

DER LUFTBALLON

Luftballon, du leichter,
bis an die Sonne reicht er,
sag ihr, sie möchte scheinen,
weil sonst die Kinder weinen,
sag ihr, sie mög am Himmel stehn,
sonst müssen wir ins Bette gehn.

DIE RAPPELKISTE

Es rappeln
die Appeln
in der Appelkist!

Warum rappeln sie
und appeln sie?
Weil'n Mäuschen drin ist!

BRUMMKREISEL

Sing, sing, sang,
wo geht es hier entlang?
Sang, sang, sing,
was bist du für ein Ding?
Ich bin der Kreisel Brumm,
dreh mich im Kreis herum.
Didel, dadel, du,
er dreht sich immerzu,
eia, weia, weck,
da fällt er um, o Schreck!

GEBURTSTAG

Morgen bin ich groß,
denke dir bloß,
da werde ich vier Jahre alt!
Ach, wäre doch morgen nur bald!

Ich kann es schon an den Fingern abzählen:
4 Finger sind es, einer muss fehlen,
beim Daumen fange ich an
und nächstes Jahr kommt der fünfte dran.

Werde ich sehr gewachsen sein
bis morgen früh? Da fällt mir ein,
das muss ich noch die Mutter fragen,
die kann es mir sicher sagen.

Und was ist wohl in dem großen Paket,
das seit gestern in der Stube steht?
Vielleicht ein Schubkarrn, es ist ziemlich schwer.
Von wo kam das Paket wohl her?

So vieles gibt es zu bedenken:
Wird Vater mir den Roller schenken?
Und wenn ein Kind vier Jahr alt ist,
ob es der Nikolaus dann wohl vergisst?

Und vielleicht nimmt mich Mutter
noch mal auf den Schoß,
denn morgen ist Geburtstag.
Dann bin ich groß!

BALU, MEIN BÄR

Gleich nach Vater und Mutter
kommt Balu, mein Bär,
ich kann mir nicht denken,
wie es ohne ihn wär!

Am Tag sitzt er auf meinem Kissen,
da schaut er mir zu,
denn ich mag ihn nicht missen,
meinen Bären Balu.

Doch kommt dann die Nacht
und die Dunkelheit,
halt ich ihn fest in den Armen,
und so dann, zu zweit

Erzähl ich ihm leise,
wie es in Afrika wär
und im Lande der Riesen -
o Balu, mein Bär!

HABE MICH LIEB

Dass Mutter doch immer wieder vergisst,
wie ein richtiger Junge ist!
Er schreit nun mal fürs Leben gern,
man muss doch einen Jungen hörn!
Er stapft durch große und kleine Pfützen,
freut sich, wenn sie richtig spritzen,
er wühlt nach Würmern in schlammigen Boden,
kommt nach Hause mit schmutzigen Pfoten,
er klettert auf Bäume, über stachlige Zäune,
das ist gar nicht leicht und oft tut es weh!
Doch ein Junge, der klagt nicht,
ein Junge, der zagt nicht,
ihn schreckt keine Höh!
Bindfaden, Nägel, die Häuser von Schnecken
muss er in seine Tasche stecken,
denn wer weiß, wofür er dies alles mal braucht;
er muss nachschaun,
ob das Innere der Uhr noch taugt;
ein Taschenmesser hat er immer dabei
für Stöcke und Stecken und so allerlei
und eine Taschenlampe,
denn vielleicht kommt ein Dieb!
Den muss er vertreiben.
Mutter, habe mich lieb!

DIE NACHT

Alle Menschen sind müde,
nun soll es dunkel sein,
da tritt leise die Nacht
aus ihrem Kämmerlein.

Mit ihrem Sternenkleid
deckt sie die Erde zu,
wo noch ein Kindlein weint,
wiegt sie's zur Ruh.

Der alte Mond aber,
der darf nicht stille stehn,
mit seiner Sichel
muss er das Himmelsgras mähn,

Für die vielen Wolkenlämmer,
die schwarzen und weißen,
im Morgendämmer
gehn sie auf Reisen.

Da darf auch der Mond schlafen
nach all seiner Plag,
die Sterne verblassen.
Ein tritt der Tag.

DER MOND

Mein Kindchen will nicht schlafengehn,
oho,
es will erst noch den Mond besehn,
soso!

Da steht er am nachtblauen Himmelszelt,
schimmert silbern herab auf die schlafende Welt,
er scheint auf die Wiesen, scheint auf die Wälder,
still ist es im Städtchen, es ruhen die Felder.
Längst träumt schon die Amsel in ihrem Nest,
Rehmutter hält's schlummernde Kitzchen fest,
Vater Hase sitzt nickend vor seinem Bau,
behütet gar sorgsam die Hasenfrau,
die Ente steckt's Köpfchen ins weiche Gefieder
und der Mond scheint so sanft,
sanft scheint er hernieder.

Da will auch mein Kindchen schlafengehn,
oho,
vom Mond hat es genug gesehn,
soso!

DAS LÄUSCHEN

Es war 'ne kleine Laus,
die wollte nicht nach Haus,
die wollte nicht nach Hause gehn,
im Dunkeln spieln, das fand sie schön.

Da kam daher - o schluck,
der große Bär Kaluk,
der war noch nicht ganz satt,
fraß Läuschen samt dem Blatt.

Darum, ihr kleinen Kinderlein,
wenn's dunkel wird, dann geht hübsch heim,
es gibt zwar keinen Bär Kaluk
und ihr seid keine Laus - o schluck,
doch Vater und Mutter, die warten zu Haus.

Und denkt, ihr wärt die kleine Laus,
und ihr bliebt zu lange aus,
und es käm der Bär Kaluk?
O schluck!

DER KUCHENDIEB

Heute Nacht, heute Nacht als alles schlief,
kam heimlich ein Räuber, der duckte sich tief.
Er hatte Mutters Backwerk gerochen,
nun kam er durch die Hecke gekrochen,
schleicht sich herbei auf leisen Sohlen,
um den schönen, frischen Kuchen zu holen.

Eine Leiter hat er sich mitgenommen,
die kommt er leis heraufgeklommen,
seht, schon kommt er näher, näher,
ist denn nirgendwo ein Späher?
Doch der Mond ging auf Reisen,
der schaut heut nicht zu
und im Hause schläft alles in guter Ruh!

Das ist dem frechen Räuber nur lieb,
schon schwingt sich der hungrige Kuchendieb
keck in die Küche, ganz ohne Sorgen,
da hört er ein krächzendes:
„Guten Morgen, guten Morgen!
Herein, herein, ich bin der Jockel!"
Der Räuber, der Räuber,
der fällt fast vom Sockel!

Schnell nimmt er reißaus,
springt zum Fenster hinaus,
die Leiter hat er umgestoßen,
da fällt er mitten in Vaters Rosen,
die stechen ihm seine Hose entzwei,
das ist dem Räuber ganz einerlei,
nur fort, nur fort
von diesem verhexten, unheimlichen Ort!

Doch Jockel, der Papagei,
erhebt noch lange sein lautes Geschrei!
Dann hat er ein paar Körner gepickt
und schließlich ist er eingenickt.

DER TAG

Schön guten Morgen, lieber Tag,
lang musst ich auf dich warten,
weil ich nicht mehr schlafen mag.
Hörst du den Hahn im Garten?

Frau Henne ruft er laut herbei,
auch sie mag nicht mehr ruhn,
schnell zieh ich Strümpf und Schuhe an,
denn ich hab viel zu tun.

Dem Hänschen muss ich Körner geben
in seinem Vogelhaus,
wenn er nicht singt, dann lässt er's eben,
ich geh ja doch hinaus.

Das Bächlein strahlt im Sonnenlicht,
ich lass mein Schiffchen schwimmen
mit Gänseblümchen, Löwenzahn,
die soll's nach Frankfurt bringen.

Rot leuchtet es im Himbeerbusch,
ich muss nicht lange suchen -
schon sind die Beeren abgepflückt
für Mutters Sonntagskuchen.

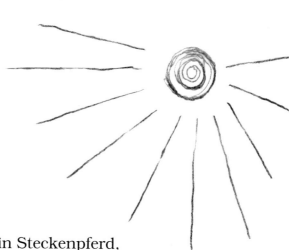

Da wiehert laut mein Steckenpferd,
es will geritten sein,
so hol ich es aus seinem Stall
und lass das Schaukeln sein.

Und dann, und dann - ach, lieber Tag,
zu schnell gehst du vorüber,
ich hätte noch so viel zu tun!
Du kommst doch morgen wieder?

DIE UHR

Mit der Uhr muss etwas nicht richtig sein,
mal geht sie so schnell, ich hol sie kaum ein,
dann wieder kriecht sie wie die Schnecken -
ich selbst bin schon längst um alle Ecken!

Bau ich mir eine Burg aus Sand
mit Türmen und Gräben und so allerhand,
da ruft schon die Mutter: „Abendbrotzeit!"
Bestimmt ging die Uhr zu schnell und zu weit!

Doch will ich zu Hans-Peter gehn,
dann weiß ich schon: die Uhr bleibt stehn!
Gebannt schau ich auf ihre Zeiger,
die gehn und gehn nicht weiter.

So glaubt mir doch und seht es ein,
mit der Uhr muss etwas nicht richtig sein,
mal rast sie davon, dann kriecht sie wie Schnecken.
Die Uhren wollen uns sicher nur necken.

NA, SO WAS

Das ist heut' wirklich wie verhext,
male ich, der Pinsel kleckst,
schreibe ich, bricht ab die Spitze,
die Kreide rollt in eine Ritze,
mein Bilderbuch kann ich nicht finden,
die Knöpfe sind statt vorne hinten,
im Strumpf ist ein Loch, weg ist der Schuh'
die Uhr blieb stehn, nun sage du,
was ist nur los, was kann das sein,
ich weiß es nicht, mir fällt nichts ein,
o rate mir, was soll ich tun,
am besten lass ich alles ruhn
und fang noch mal von vorne an?
Nanu, jetzt bleibt die Spitze dran!

Die Kreide konnt ich wieder finden,
die Knöpfe sind jetzt vorn, nicht hinten,
mein Bilderbuch liegt auf dem Tisch,
der Pinsel malt den roten Fisch
ganz ohne jede Kleckserei,

die Uhr geht wieder, einerlei,
wenn in dem Strumpf ein kleines Loch,
den ander'n Schuh, den fand ich doch,
die Sonne scheint zum Fenster rein,
ich glaub, dies muss ein Glückstag sein!

BEIM BÄCKER

Heute darf ich zum ersten Mal einkaufen gehn
mit echtem Geld, ist das nicht schön?
Auf einen großen Zettel Papier
schreibt mir Mutter die Sachen dafür.

Ich hole die große Einkaufstasche,
da hinein kommt später die Sirupflasche,
das Puddingpulver, die Brötchen und Butter.
Mehr könnt ich nicht tragen, meinte die Mutter.

Da vorn muss ich über die Straße gehn.
Ich weiß, da bleibt man vorher stehn,
sieht nach beiden Seiten - sie ist frei,
und da ist ja auch schon die Bäckerei!

Es klingelt die Tür, ich gehe hinein:
„Nun, kleines Fräulein, was soll es sein?"
„Puddingpulver, Brötchen, Butter. Ach ja,
auf dem Zettel steht alles da!"

Die Bäckersfrau schenkt mir ein großes Plätzchen,
ein Krümchen bekommt ein freches Spätzchen,
das gleich nach dem nächsten Krumen blinkt.
Von Weitem die Mutter am Fenster winkt.

DER RHABARBER

Ich weiß, ich bin ein saurer Geselle,
darum bin ich zufrieden mit jeder Stelle
irgendwo in eurem Garten,
ihr braucht mich nicht pflegen,
ihr braucht mich nicht warten,
ich brauch nicht viel Sonne,
ich brauch nicht viel Licht,
habe riesige Blätter,
dunkel und dicht.

An dem langen Stengel
zieht ihr ganz sacht
mich aus der Erde.
Das wär doch gelacht,
wenn ihr nicht meinen Namen kennt:
Rhabarber man mich überall nennt!
Ich finde, mein Name ist wunderschön,
wer wird da noch nach dem Äußeren sehn?
Rhabarberkompott, Rhabarberkuchen
schmeckt beides gut, ihr müsst's nur versuchen.

Und versucht mal,
meinen Namen zu sprechen
ganz schnell und ganz oft:
„Rhabarber, Rhabarber,
saurer Rhabarber,
saurer Rhabarber!"
Na, könnt ihr's
ohne die Zunge zu brechen?

GROSSVATER

Wolltest du Großvater sehn
vor uralt-alter Zeit,
da musstest du zu Fuß hingehn,
der Weg war schwer und weit.

Wolltest du Großvater sehn
vor vielen hundert Jahren,
da konntest du, das war sehr schön,
mit einer Kutsche fahren.

Wolltest du Großvater sehn,
als Vater war ein Kind,
da fuhr man mit der Eisenbahn,
die fährt fast wie der Wind.

Willst du heut Großvater sehn,
dann wart ein kleines Weilchen,
der Vater holt das Auto raus,
vergiss auch nicht die Veilchen.

Willst du ganz schnell Großvater sehn,
so lauf doch um die Ecke,
da steht er ja und wartet schon
bei seiner Gartenhecke!

FROSCHKONZERT

Kennt ihr Quack, den grünen Frosch?
Was, den habt ihr nie gesehn?
Dann müsst ihr Sonntag unbedingt
zum Teich spazierengehn.

Am besten früh im Morgengraun,
wenn feucht der Nebel fällt,
weil diese Zeit, das ist bekannt,
den Fröschen gut gefällt.

Da quaken sie im Froschkonzert
mal hoch und auch mal tief.
Da - plötzlich ist es still im Teich!
Es quakte einer schief.

Zum Donnerwetter noch einmal,
wer war das nur gewesen?
Bestimmt könnt ihr's am Montag früh
im Zeitungsblättchen lesen.

Schaut mal nach!

DAS FAULTIER

Heute gehn wir in den Zoo!
Und warum?
Einfach nur so!
Weil die Sonne scheint,
weil es Frühjahr ist
und weil Zoobesuch
einfach herrlich ist.

Dort gibt es ein Faultier,
das hat nur zwei Zehn!
Kann so ein Faultier
eigentlich stehn?
„Faultier, warum schläfst du,
es ist doch nicht Nacht,
schau nur, ich hab dir
was mitgebracht!"

In meiner Tüte,
weiß und knallrot,
sind Äpfel und Nüsse
und altbackenes Brot.
Das hätte ich gerne
dem Faultier gegeben,
doch wirklich nur
so gerade eben
hat es müde die Augen
mal aufgemacht.
O Faultier,
das hätte ich nicht gedacht!

(Ein Faultier schläft wirklich
den ganzen Tag!
Und was es des Nachts tut?
Geh mal hin und frag.)

MAUSEHOCHZEIT

Es tanzen die Mäuse im Mondenschein,
heute soll ja Mausekönigs Hochzeit sein!
Doch wer wird denn Frau Königin?
Kommt, lasst uns sehn, wir gehen hin
und wollen uns verstecken
dort hinter den Rosenhecken.

Da seht nur, Leuchtkäfer bilden Spalier!
Und da kommt ja auch schon das Prinzesschen herfür.

O, ist sie lieblich anzuschaun,
ganz in Weiß, nur die kleinen Pfötchen sind braun,
zartrosa die Öhrchen, das Ringelschwänzchen,
rot funkeln die Äuglein. „Bitte, ein Tänzchen",
Herr Mausekönig sich artig verneigt,
Hirschkäfer auf seiner Fiedel geigt.

Prinzesschen summt verliebt dazu
- und oben im Baum, da lacht der Uhu!

Ob Prinzesschen verliebt ist, kümmert ihn nicht,
denn Mäuse sind sein Leibgericht.

Schon schwingt er die Flügel,
streckt seine Krallen,
Prinzesschen würde ihm gut gefallen,
gleich wird er sie schnappen,
den leckeren Happen.

Da kommt ein schwarzer Wolkendrachen,
weit sperrt er auf den Wolkenrachen,
näher kommt er, immer näh'r,
noch zittert rings der Sterne Heer,

Da - schwuppdiwupp der Mond ist weg,
die Mäuschen rührn sich nicht vom Fleck,
der Uhu musst nach Hause gehn,
im Dunkeln hat er nichts gesehn!

JOHANNISKÄFER

„O Mutter, sieh, es setzte sich
auf meine, meine Hand
ein Käferlein, ein Käferlein,
das ich noch niemals fand!"

„Das Käferlein, das Käferlein,
es kam von weit geflogen,
es wollte, wollte bei Dir sein,
vielleicht ist dir's gewogen?"

„O Mutter, Mutter, sage mir,
wie heißt der kleine Schläfer?"
„Das weißt du nicht, das weißt du nicht?
Er heißt Johanniskäfer!"

„Johanniskäfer, bleib, ach bleib
auf meiner kleinen Hand,
ich will dich sehn, ich will dich sehn,
bis du mir ganz bekannt!"

NEBEL

War gestern alles klitzeklar,
rot, blau und kunterbunt sogar,
ist heute alles mausegrau
und das noch nicht einmal genau.

Die Bäume schaun gespenstig drein,
der Rabe putzt's Gefieder,
die Elfen tanzen Ringelreihn
im nebeligen Buchenhain,
sie schweben auf und nieder.

Ach, könnten wir sie einmal schaun,
die schönen, zarten Elfenfraun
im Walde bei den Buchen.
Wir laufen hin und laufen her,
wir laufen kreuz und laufen quer,
im Nebel sie zu suchen.

Doch der Nebel, der neckt uns,
o, wären wir da,
der Rabe, er schreckt uns
mit lautem „krah - krah!"

Da ist wie von Zauberhand
der Nebel verschwunden -
und da sind sie, die Buchen,
nach denen wir suchen!
Die Elfen haben wir nie gefunden.

DAS SAMENKIND

Es war ein kleines Samenkind,
das lag in tiefem Traum,
der Wind hob's auf und trug's geschwind
bis an des Ackers Saum.

Da schwebte es gar tief herab
bis in der Erde Schoß,
die deckte es fein sorgsam zu,
denn es war nackt und bloß´.

Der Regen kam und sprühte lind
wohl über Feld und Rain,
das Samenkind, es streckte aus
viel kleine Würzelein.

Mit denen trank's das Himmelsnass,
da wuchs ein Hälmlein ihm,
es reckte sich und streckte sich
der lieben Sonne hin.

Das Hälmlein wurd ein Stengelchen,
daran ein Knöspelein.
Der Sommer kam, ein Kind, es ging
entlang dem Ackerrain.

Da sah's ein Blümchen vor sich stehn,
das brach es freudig ab.
Hab Dank, du kleines Samenkind,
das mir sein Blütlein gab!

VOM BÄUMLEIN

Es war einmal ein Bäumelein,
das mochte nicht mehr stehn
tagaus, tagein am gleichen Ort,
es wollte lieber gehn.

Da kam ein großer Wind daher,
der riss an seinen Zweigen,
er riss es hin, er riss es her,
das Bäumlein tät sich neigen.

Es spürte, wie die Würzelchen
sich aus der Erde hoben;
aus vollen Backen blies der Wind -
da war es umgeflogen.

Da lag es nun und mühte sich,
wer sollt ihm Hilfe bringen?
Es hat ja keine Beinelchen,
so wollt's ihm nicht gelingen.

Und alle Bäume ringsumher,
die lachten's Bäumchen aus:
„Das kommt, wenn man nicht bleiben will,
am schönsten ist's zu Haus!"

Das Bäumchen fing zu weinen an,
was ward mit ihm geschehn?
Da wacht es auf aus seinem Traum,
nie wieder wollt es gehn!

BUBEN UND MÄDCHEN

Womit spielen die Buben?
Mit Dinos und mit Tuten,
dem Bagger und der Eisenbahn,
Tankstelle und dem neuen Krahn,
sie flitzen auf dem Roller
je schneller, desto toller.

Und womit spielen die Mädchen?
Mit Barbies und dem Gretchen,
ihrem Babypüppchen mit Schmollemund,
dem Kaufmannsladen, Kuschelhund,
sie kochen gern und backen schön,
so wie sie's bei der Mutter sehn.

Und spielt nun unser Mädchen
statt mit dem Kaufmannslädchen
lieber mit der Eisenbahn?
Na und, was wäre da schon dran?

Und möchte unser Bübchen
statt nur ein wildes Rübchen
lieber einmal Hausfrau sein?
Sagt selber, wäre das nicht fein!

MEIN BILDERBUCH

Würd man beim Anschaun Löcher gucken
von hier bis Blankenese,
dann säh mein Lieblingsbilderbuch
schon aus wie'n Schweizer Käse.

Ich kann es nicht genug besehn,
ich blätter's hin und her,
selbst heute Nacht träumt ich von ihm.
Ein Loch hat's wieder mehr!

SCHNUPFEN

Axelchen, du kleiner Mann,
hast weder Strümpf noch Schuhe an,
du läufst auf bloßen Sohlen,
wirst dir den Schnupfen holen.

Ach Mütterchen, wo denkst du hin,
ich bin schon groß, reich dir zum Kinn!
Da macht's „hatschie!" mit laut Getos -
na, bitte schön, schon geht es los!

SCHLECKERHANSEL

„Hansel, o Hansel,
was machst du für'n Gesicht,
heut gibt's doch gelbe Rübchen,
die mögen alle Bübchen,
nur unser Hansel nicht?

Was möchtest du denn essen,
wenn's keine Rübchen sind?"
„Ach, Mutter, süßen Kuchen,
den würd ich gern versuchen!"
„Hab ich ein Schleckerkind!"

ILSEBILL

Kathrinchen will den Brei nicht essen,
hat mein Mädchen denn vergessen,
dass es wachsen, wachsen will?
Denk doch an die Ilsebill!
Die aß grad nur ein Löffelein,
und da blieb sie klitzeklein.
So klein nur wie dein Däumchen,
nicht größer als ein Pfläumchen,
nicht größer als ein Pfefferkorn,
da hätten wir sie fast verlor'n!
O weh!

DAS BÖCKCHEN

Schaut euch unser Bübchen an,
wie's mit den Füßen stampfen kann,
Hörner hat es auf dem Köpfchen,
ich glaub, es hat ein Böckchen!

Was tut man mit dem Böckchen,
mit Hörnern auf dem Köpfchen?
Man treibt es auf die Weide,
da tut's uns nichts zu leide.

Vielleicht kommt dann ein Bauersmann,
der schaut das kleine Böckchen an,
holt aus der Tasche einen Strick
und nimmt sich unser Bübchen mit.

Und kommt der Vater dann nach Haus,
wie sieht er da so traurig aus!
Er hat ja nun kein Büblein mehr.
Wo holen wir ein andres her?

SCHMOLLMAMSELL

Kennt ihr das Jüngferchen Rühr-mich-nicht-an,
das bitte und danke nicht sagen kann,
das schmollend gleich in der Ecke steht,
wenn nicht alles nach seinem Köpfchen geht?
Ich glaube, diese Schmollmamsell
verschenken wir, das geht ganz schnell!
Doch keiner wollt die Jungfer nehmen,
wie musste sie sich schämen!

BANANEN

„Warum, warum
sind die Bananen krumm?"
so fragen alle Kinder,
wenn sie mich im Winter
mit viel Behagen schmausen
zu Haus und in den Pausen.
Auch unterwegs auf Reisen
mag man mich gerne speisen,
denn wo auch immer, einerlei,
meine Schale eins, zwei, drei
kannst du bequem herunterschälen,
brauchst dich nicht dabei zu quälen,
und fast wie im Märchenland
hast du mich dann in der Hand
immer frisch und immer rein,
wer beißt da nicht gern hinein?

„Warum, warum
sind die Bananen krumm?"
So fragen alle Kinder
nicht nur im kalten Winter,
es fragen die Großen,
es fragen die Kleinen,
jedem will es seltsam scheinen.
Doch es ist ganz leicht zu sagen,
ihr müsst nur uns Bananen fragen,
drum halt mich an dein Ohr,
dann sag ich's leis dir vor,
danach darfst du mich essen!

O Schreck,
jetzt hab ich's selbst vergessen
und weiß nicht mehr, warum
sind wir Bananen krumm?
Warum? warum?
Weißt du's vielleicht? -
Wie dumm!

MAREI

Heissa, Marei,
komm, wir zwei
wollen tanzen gehn,
dass die Röcke wehn.

Christopher, oho,
stürme nicht so,
denn vor der Tür
steht schon ein andrer Kavalier!

Steht vor der Tür
schon ein anderer dafür,
hol ich's Marlieschen,
die hat flinkere Füßchen.

Mit Marlieschen willst du tanzen gehn,
dich mit ihr im Kreise drehn?
Christopher, o, da fällt mir ein,
ich komme mit, ich bin allein!

Tut mir leid, o Marei,
es ist nichts mit uns zwei.
Erst so, dann so, das mag ich nicht!
Da macht Marei ein langes Gesicht!

VIELE FRAGEN

Es gibt so viele Fragen
auf dieser Wunderwelt,
weißt du, warum der Apfel
vom Baum herunterfällt,
die Sterne aber bleiben
am Himmel oben stehn
und kommen immer wieder,
auch wenn sie untergehn?

Der Luftballon vom Jahrmarkt.
der flog mir einfach weg,
mein Ball, geb ich ihm keinen Stups,
der rührt sich nicht vom Fleck.
Und lieg ich in der Sonne
an unserm kleinen Teich,
da werd ich braun und brauner,
mein Handtuch wird nur bleich.

Was lässt die Blumen wachsen
auf zartem Stengelein,
bau ich mir aber einen Turm,
dann fällt er mir gleich ein?
So gibt es viele Dinge,
die kann ich nicht verstehn.
Ich will den Vater fragen.
Ob der es weiß? Mal sehn!

WANDERWOLKEN

Weiße Wanderwolken ziehen
über blaues Himmelsmeer,
ohne zu rasten, ohne zu ruhen,
wo wollen sie hin, wo kommen sie her?

Ich glaub, du musst sie selber fragen,
denn auch ich, ich weiß es nicht,
weil die weiße Wanderwolke
nicht mit den Erwachsnen spricht.

Vielleicht sind es Kinderwünsche,
die nicht in Erfüllung gehn?
„Bitte, Wanderwolke, bleib doch
nur ein Augenblickchen stehn!"

Doch sie hören nicht und ziehen
rastlos weiter, immerzu.
Stehn bleibt nur die Regenwolke,
die ich gar nicht sprechen wollte.
Wanderwolken finden keine Ruh!

KIRSCHEN

Kirschen gibt es, die großen und kleinen,
die süßen und sauren, doch alle mit Steinen,
dunkle, helle und mittelfein,
allein, als Pärchen und manchmal zu drein.

Die Pärchen hängt man sich an das Ohr
und kommt sich wie eine Prinzessin vor,
und drei bringen Glück, das glaubt ihr gewiss,
weil ein Kirschendrilling ganz selten ist.

Auf den Kirschbaum zu klettern lieben die Buben,
wer bliebe da gern zuhaus in den Stuben?
„Doch gebet fein acht und klettert hübsch sacht,
denn meine Zweige biegen sich leicht
und brechen, noch eh ihr die Spitze erreicht.

Ich weiß, dort oben möcht jeder gern hin,
weil nirgends so rot und süß ich sonst bin.
Darum kommen ja auch noch andere Gäste,
gar federleicht leichte, die brechen nicht Äste,
sie eilen in Scharen - und fliegen sie fort,
sucht ihr vergeblich nach Kirschen dort.

Die Stare sind es, ihr kennt sie gleich wieder
an ihrem Gesang und ihrem Gefieder,
dem dunklen Rock mit den weißen Flecken.
Vogelscheuchen sollen sie schrecken.
Doch wer mich einmal gegessen hat,
kommt wieder und nascht mich und findet auch Rat!"

FLAMINGOS

Kommt ihr mal in einen Zoo,
irgendwo,
seht ihr dort Flamingos stehn
gleich am Eingang. Sie sind schön!
Da stehen sie, tagaus, tagein,
immer nur auf einem Bein,
ich habe lange hingesehn,
ich sah sie niemals gehn!

Viele Tiere gibt es im Zoo,
solche und so.
Sie laufen hin
und laufen her,
manche schnell
und manche schwer,
sie klettern an Stangen,
sie hüpfen und hangeln,
sie fliegen, flattern
und schweben,
aber seht ihr, daneben,
gleich am Eingang, da sind sie wieder,
die Flamingos im rosa Gefieder:

Und sie stehn und stehn,
tagaus, tagein,
immer nur auf einem Bein.
Ich möchte kein Flamingo sein!

Probiert einmal,
ganz still auf einem Bein zu stehn.
Na, ist das schön?!

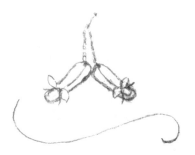

JAHRMARKT

Sabinekind, Sabinekind,
du folgst mir heute so geschwind,
du bist so brav und bist so still,
ob mein Sabinchen etwas will?

Ach Vater, ja, ich bitt dich schön,
du sollst mit mir zum Jahrmarkt gehn,
ich mach mich auch ganz fein dazu,
da, sieh nur, meine neuen Schuh!

Der Vater nimmt sein Mädchen,
sie fahren Riesenrädchen,
sie fahren Karuselle,
langsame und schnelle,
sie schaukeln durch die Luft,
umweht vom Jahrmarktsduft.

Sie kommen an vielen Buden vorbei,
probieren Honig aus der Türkei,
gehen weiter, bleiben stehn,
um den lustigen Clown zu sehn,
und Vater schießt einen Teddybär!
Ach, wenn doch immer Jahrmarkt wär!

AUF DEM BAUERNHOF

Es maunze-maunzt die Katz'
mit ihrem weißen Latz.

Es wieher-wiehrt das Pferd,
vom Reiter unbeschwert.

Es blöker-blökt das Schaf
die Kinder aus dem Schlaf.

Es quake-quakt der Frosch,
das Schweinchen macht osch-osch.

Der Hahn kräht kickerikieh,
viel Körner find ich hie.

Da kommen, gagagei,
die Hennen schnell herbei.

Frau Ente macht schnatt-schnatt dazu
und in dem Stall die Kuh ihr muuuh.

Die Vögel, sie trillern,
nur die Goldfische schillern

Und schwimmen, stumm-stumm,
immer im Kreise herum.

ZWETSCHGENKUCHEN

Backt die Mutter Zwetschgenkuchen
muss sie euch nicht lange rufen,
gleich seid ihr zur Stelle,
doch ebenso schnelle
kommen mit lautem Gesumm
die Wespen und Bienen. Warum?
Weil ringsum die Luft
ist erfüllt vom Zwetschgenduft!
Nun wollen sie naschen,
wer wollte sie haschen?
O, habt keine Angst
und schlagt nicht nach ihnen,
dann tun sie euch nichts,
die Wespen und Bienen,
gebt ihnen ein Krümchen
und lasst sie versuchen
von dem süßen,
dem saftigen Zwetschgenkuchen.
Vielleicht kocht die Mutter
noch Zwetschgenmus?
Das ist ein Genuss!

LATERNENLIED

Es funkelten die Sterne
am Himmel, klar und hell,
ein Sternlein fiel herunter,
da hob ich's auf ganz schnell.

Ich tat's in meine Laterne,
drum scheint sie jetzt so schön,
sie scheint bis all die Sterne
am Himmel untergehn.

Laterne, Laterne
haben die Kinder so gern,
sie singen ihr Laternenlied,
es leuchtet hell der Stern.

DRACHENSTEIGEN

Der Wind bläst die Blätter von den Zweigen,
heute lassen wir meinen Drachen steigen,
meinen Drachen aus rotem und blauem Papier!
Eine lange, lange Schnur kaufte Vater dafür
und malte auf den bunten Grund
zwei Augen, Nase und einen lachenden Mund.

Gelb leuchtet das weite Stoppelfeld,
die Sonne strahlt auf die herbstliche Welt.
Ich lauf mit dem Drachen dem Wind entgegen:
„Wind, Wind lass meinen Drachen schweben!"

Und er steigt, er steigt, mein Drachen steigt!
Der Vater lachend nach oben zeigt:
„Da sieh nur, das bunte Drachengesicht
wird kleiner und kleiner, fast sieht man es nicht."

Fest hält meine Hand das Ende der Schnur.
„O Drachen, könnte ich einmal nur
so wie du dort oben am Himmel stehn,
weit über Dächer und Bäume sehn
bis nach Frankreich oder Afrika
und die Küste von Sansibar.
Vielleicht lässt auch dort jetzt ein Negerkind
seinen Drachen steigen im Wüstenwind?!"

FEIGEN UND DATTELN

Feigen und Datteln,
die kommen weit her,
aus heißen Ländern,
fern übers Meer,
das klingt so geheimnisvoll,
duftend und süß,
gerad so, als kämen sie
vom Paradies.
Dort, wo sie wachsen,
tragen die Fraun
buntfarbene Schleier,
gar lieblich zu schaun.
Die Männer aber,
so stolz und so kühn,
in langen Karawanen sie ziehn
auf ihren Kamelen
durch heißen Wüstensand,
da gibt es kein Wasser,
da gibt es keinen Strand.
Und nachts wird es kalt!
Da hält die Karawane. Sareih!
Sie zündet ein Lagerfeuer
und erzählt sich Geschichten dabei,
Geschichten aus 1000 und einer Nacht.
Wer die sich wohl alle mal ausgedacht?

IM ZIRKUS

Habt ihr das gelbe Plakat gesehn?
Heute ist Zirkus, Zirkus ist schön!
Alle, alle strömen herbei,
wir sitzen ganz vorn in der ersten Reih!

Ein Tusch, die Elefanten kommen herein,
die Rüssel erhoben, es blitzt das Elfenbein,
sie wiegen sich, stampfen, bleiben stehn,
um über eine schwankende Brücke zu gehn.

Dann wirbeln Artisten in schwindelnder Höh
weit durch die Lüfte, hopp, hoppla, olé,
und wie der Jongleur die Bälle hält,
er lässt sie kreiseln, der erste fällt,
und im Fallen hält er ihn auf mit dem Fuß.
Da kommt mit winkendem Gruß
die kleine Zirkurprinzessin, seht,
wie sie lächelnd auf ihrem Pferde steht
und reitet in schneller Runde,
doch schon geben Fanfaren Kunde,
dass jetzt gleich der Höhepunkt ist:

Tiger zeigen ihr scharfes Gebiss,
sie strecken die Krallen, setzen an zum Sprung,
ein Knall mit der Peitsche - und - schwung
preschen sie durch die flammenden Reifen,
wen würde da nicht Entsetzen ergreifen,
wenn sie plötzlich in die Menge springen?
Doch keine Angst, man wird sie bezwingen.

Und da ist endlich, buntgescheckt, der Clown!
Und - ist es ein Traum? - noch ein Clown!
Wie sie watscheln auf großen Füßen,
wie sie sich schreiend begrüßen,
als könnten sie sich nicht verstehn
und hätten sich noch nie gesehn
und falsch auf ihren Tuten blasen,
die Clowns mit den roten Nasen.

Die bekommen Applaus, Applaus!
Der Zirkus ist aus.

DAS KOKOSSCHWEINCHEN

Ich bin das Kokosschweinchen,
ich hab zwar keine Beinchen,
doch aus dem Kokoswald dafür
kam ich gefahrn bis her zu dir.
Kein Mensch mag mich besingen,
ein Liedchen für mich bringen,
nein, alle, alle machen
nur viele gute Sachen
aus meinen Borsten, Schale, Kern
für die Kinder, Damen, Herrn:
Seife, Matten, Seile,
blankpolierte Teile
aus meiner Rinde, welch ein Graus!
Ja, selbst der gute Nikolaus
steckt süße Kokosflocken
in große, kleine Socken.
Gibt's bei den Affen Keile,
dann nehmen sie in Eile
Kokosnüsse von den Bäumen,
werfen um sich. Und in Räumen
dunkel, finster in den Schiffen
fährt man mich entlang den Riffen
meiner Heimat bis hierher.
Sagt nun ehrlich, wer, ach wer
würde da nicht traurig sein
so wie ich, dein Kokosschwein?
Drum hab' mich lieb, so will ich geben
dir dann auch mein Kokosleben!

APFELSINEN

Apfelsinen, Mandarinen
gibt es um die Weihnachtszeit,
siehst du sie beim Kaufmann liegen,
weißt du gleich: bald ist's soweit!

Apfelsinen, Mandarinen
duften herrlich, leuchten schön
ganz orange - wer könnte da
einfach nur vorübergehn?

Mit dem scharfen Messer schneidest
du die Schale ringsum ein,
schälst sie ab als kleines Krönchen
und kannst Prinz, Prinzesschen sein.

Teilst die Früchte dann in Scheiben,
denn sie sind saftig und so süß!
Mandarinen, Apfelsinen -
dir eine, mir eine und der Marlies.

Apfelsine, Apfelsine
kann auch einmal sauer sein,
doch da fällt mir dir zum Troste
etwas Wunderschönes ein:

War sie wirklich einmal sauer,
o, dann mach dir nichts daraus,
denn in seinem Sacke bringt dir
süße dann der Nikolaus!

SCHNEEFLÖCKCHEN

Es war einmal ein Flöckchen,
das trug ein weißes Röckchen,
es kam aus lichter Höh.
Das Flöckchen war aus Schnee.

Da kam ein Wind vom kalten Meer,
der wirbelt's Flöckchen hin und her,
es wirbelt auf und nieder,
der Wind bläst's immer wieder.

Das arme Flöckchen bat gar sehr,
ach, lieber Wind, nun blas nicht mehr,
die Kinder möchten rodeln gehn,
sie möchten gern mein Röckchen sehn,
sie möchten einen Schneemann baun,
sieh nur, wie sie traurig schaun
und warten auf den Schnee.
Das tut mir Flöckchen weh!

Das sah der grimme Wind wohl ein,
er ließ das wilde Blasen sein,
das Flöckchen konnt zur Erde schweben,
schaut mal raus, da kommt es eben!

GLATTEIS

Glatteis, Glatteis,
das gibt eine Rutschereis!
Wir rutschen auf dem Hosenboden,
hat's die Mutter auch verboten,
wir rutschen auf dem Ranzen
schneller als die Wanzen,
wir rutschen auf der Schlitterbahn,
als Erster kommt der Stoffel dran.

Schlitterbahn, Schlitterbahn,
der Jockel hängt sich hinten an,
wir machen eine Kette,
als Letzte kommt Annette.
Die Bahn wird glatt und glätter
bei diesem Eisewetter,
da fällt der Stoffel um,
die andern drum herum!

Juchheh, juchheh,
vielleicht gibt's auch noch Schnee!
Schüttelt Frau Holle die Kissen aus,
holen wir den Schlitten raus
und rodeln um die Wette,
der Stoffel, der Jockel, Annette!

MAUSEVATER

Mausemutter geht heute zum Kaffeeklatsch aus,
sie machte sich fein! Doch wer hütet das Haus?
O, liebe Frau Nachbarin, nur keine Sorgen,
Vater Mäuserich will die Kinder versorgen!

Zuerst winken sie alle der Mutter Ade,
sie winkt zurück, auf den Wiesen liegt Schnee.
Vater Mäuserich holt den Schlitten hervor
und „Bahn-frei" rufen bald alle im Chor!

Ja, rodeln mit Vater, das ist ein Vergnügen!
Sie sausen, dass die Schwänze fliegen,
die Maulwurfhügel herab in steiler Bahn.
Da fängt es langsam zu dämmern an.

Mauselieschen jammert, sie friert an den Ohren,
und der Meck hat seine Handschuh verloren!
Geduldig zieht Vater Mäuserich sie heim auf dem Schlitten,
und dort in der warmen Stube sie bitten:

„Vater, sieh mit uns das Bilderbuch an
von der Köchin, die Mäuse nicht leiden kann
und davonläuft mit lautem Geschrei,
Teller und Tassen gehen entzwei.

Das ist doch unsere Lieblingsgeschichte,
und danach liest du noch Mäusegedichte."
Gar schnell gehen so die Stunden vorüber
und da kommt ja auch schon die Mutter wieder.

„Speckkuchen gab es und Käseplätzchen!
Nun aber husch in die Körbchen, ihr Schätzchen,
und war es schön mit dem Vater gewesen?"
„O ja, er hat soo lange vorgelesen,

Wir haben gerodelt und haben gelacht
und eine Schneeballschlacht gemacht.
Ein Tag nur mit Vater ist einfach schön!
Darfst ruhig mal wieder zum Kaffeeklatsch gehn."

AM FUTTERHÄUSCHEN

Wenn es kalt ist und es zittern die Mäuschen,
kommen die Vögel zum Futterhäuschen.
Seht, wie sie emsig die Körner picken,
mit den Köpfchen fleißig um sich blicken,
wie sie hurtig die Schalen aufbeißen,
der Buchfink und Zeisig, die Amseln und Meisen,
und die kecken kleinen Spätzchen
finden überall ein Plätzchen,
um sich schnell ein Bröckchen zu holen.
Da schleicht sich leis auf weichen Sohlen
Kater Schnurr an das Futterhäuschen
mit knurrendem Magen, er fand keine Mäuschen.
Die Vögel aber, die gaben gut acht,
alle hielten sie sorgsam Wacht,
sie hatten den dicken Kater gesehn,
sonst wäre auch wirklich ein Unglück geschehn!
Mit lautem Geschrei sind sie fortgeflogen,
dass der Schnee von den Zweigen gestoben.

DER FROST

Eiskalt weht ein Wind von Ost,
mit seinen Ketten klirrt Väterchen Frost!
Wohin er tritt mit festen Schritten
erstarren die Wiesen, die Bäche inmitten,
es knirscht der Schnee unter seinen Spuren,
es zittern vor Kälte die Wälder und Fluren.
Streckt er die Hände über den See
wird eisig sein Spiegel, Eis liegt auf der Höh,
sein Atem haucht Blumen von Eis auf das Glas -
ja, Väterchen Frost, das macht dir Spaß!
Und schüttelst du zornig die uralten Glieder,
drohen Eiszapfen von den Dächern hernieder.
O kehr wieder heim, heim, Väterchen Frost!
Doch noch immer weht eisig der Wind von Ost.

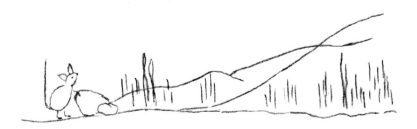

RÄTSEL

Seht einmal, da steht er,
nein, nicht der Struwwelpeter,
auch nicht der böse Friederich,
nun seid schön still, sonst sag ich's nicht!

Er steht an unserm Gartenzaun,
er ist nicht rot, er ist nicht braun,
er ist nicht schwarz, nicht grün wie Klee,
er ist ganz weiß, so weiß wie Schnee!

Wir haben ihn heut früh gebaut,
aus schwarzen Kohleaugen schaut
er lustig in die Winterwelt,
die nicht nur ihm, auch uns gefällt.

Statt Hut hat dieser arme Tropf
Mutters Eimer auf dem Kopf,
und um seine Rübennase
beneidet ihn so mancher Hase.

Da kommt Frau Sonne über den Berg,
beschaut sich lachend unser Werk,
sie hat zu lange hingesehn,
da schmolz er weg. Nun ratet ihn!

Alphabetisches Inhaltsverzeichnis

LEIBNIZ
Bücherwarte

Weitere neue Titel:

RAMONA WICKMANN

KASIMIRAS VERMÄCHTNIS
Eine Bärengeschichte

ISBN 3-925237-10-0   DM 25,–

***

BARBARA BRÜNING

WENN DAS LEBEN AN GRENZEN STÖSST
Philosophieren mit Märchen

ISBN 3-925237-18-6   DM 35,–

Von der gleichen Autorin erschien bereits:

MIT DEM KOMPASS DURCH DAS LABYRINTH DER WELT
– Wie Kinder wichtigen Lebensfragen auf die Spur kommen –

ISBN 3-925237-16-X   DM 30,–

LEIBNIZ
Bücherwarte

Weitere Titel:

ANNEKATHRIN LANGE / MAREN LEWEKE

IM SCHATTEN DES LICHTS

ISBN 3-925237-07-0   160 Seiten   DM 25,–

***

INGRID HEIMBERG

DIE TRÄUME VON TOD UND LEBEN
DER REBECCA SOPHIA

ISBN 3-925237-15-1   64 Seiten   DM 12,–

***

MARIANNE FLOTHO

BÜCHERSCHÄTZE IN WOLFENBÜTTEL
Herzog August Bibliothek

ISBN 3-925237-12-7   80 Seiten   DM 16,–